LOS MEJORES DEPORTES
DE LA ESCUELA SECUNDARIA

PORRISMO

T0021163

Un libro de Las Ramas de Crabtree

ESCRITO POR THOMAS KINGSLEY TROUPE
TRADUCCIÓN DE SANTIAGO OCHOA

CRABTREE
Publishing Company
www.crabtreebooks.com

Apoyo escolar para cuidadores y maestros

Este libro de alto interés está diseñado para motivar a los estudiantes dedicados con temas atractivos, mientras desarrollan la fluidez, el vocabulario y el interés por la lectura. A continuación se presentan algunas preguntas y actividades para ayudar al lector a desarrollar sus habilidades de comprensión.

Antes de leer:

- ¿De qué pienso que trata este libro?
- ¿Qué sé sobre este tema?
- ¿Qué quiero aprender sobre este tema?
- ¿Por qué estoy leyendo este libro?

Durante la lectura:

- Me pregunto por qué...
- Tengo curiosidad de saber...
- ¿En qué se parece esto a algo que ya conozco?
- ¿Qué he aprendido hasta ahora?

Después de leer:

- ¿Qué intentaba enseñarme el autor?
- ¿Cuáles son algunos detalles?
- ¿Cómo me ayudaron las fotografías y los pies de foto a entender más?
- Vuelve a leer el libro y busca las palabras del vocabulario.
- ¿Qué preguntas tengo aún?

Actividades de extensión:

- ¿Cuál fue tu parte favorita del libro? Escribe un párrafo sobre ella.
- Haz un dibujo de lo que más te gustó del libro.

ÍNDICE

¡DAME UNA V!

El público grita cuando el equipo local pierde una gran jugada en el campo. Tú y tu equipo de animadoras saben qué hacer. La música suena mientras tú y tus compañeras de equipo bailan y hacen corear a los aficionados en las gradas. ¡En poco tiempo, el público se pone de pie y anima a su equipo a la victoria!

Agarra los pompones y el megáfono. Estamos a punto de saber por qué el porrismo se encuentra entre los...

MEJORES DEPORTES DE LA ESCUELA SECUNDARIA.

DATO CURIOSO

El porrismo está considerado como uno de los deportes más peligrosos para las chicas. Las lesiones incluyen huesos rotos, contusiones cerebrales y rotura de ligamentos, como el **LCA**.

HISTORIA DEL PORRISMO

El porrismo comenzó en Gran Bretaña en la década de 1860. Llegó a Estados Unidos en la década de 1880. Thomas Peebles introdujo la idea de cantar a los **espectadores** en la Universidad de Minnesota. Allí, Johnny Campbell dirigió la primera animación organizada durante un partido contra la Universidad de Princeton en 1898.

En aquella época, el porrismo era un deporte dominado por los hombres. No fue hasta la década de 1920 que las mujeres se involucraron en el porrismo.

UNA PORRA PARA PRINCETON (1884):

¡Ray, Ray, Ray!
¡Tiger, Tiger, Tiger!
¡Sis, Sis, Sis!
Boom, Boom, Boom
¡Aaaaah! ¡Princeton, Princeton, Princeton!

Cuatro presidentes de Estados Unidos fueron porristas años antes de su importante trabajo en la Casa Blanca. Entre ellos, Franklin D. Roosevelt en el Harvard College, Dwight D. Eisenhower en West Point, Ronald Reagan en el Eureka College y George W. Bush mientras asistía a la Academia Phillips. ¡Hurra por Estados Unidos!

¿POR QUÉ EL PORRISMO?

El porrismo es una parte importante de los deportes de la escuela secundaria. El porrismo no solo fomenta el espíritu escolar, sino que utiliza su **entusiasmo** y energía para unir al equipo y al público.

DATO CURIOSO

El récord para el mayor equipo de porrismo fue de 2 102 porristas en Hangzhou, Zhejiang, China. En él participaron personas desde cinco años hasta los 68. ¡El evento fue lo suficientemente grande como para terminar en El libro Guinness de los récords!

Un buen equipo de porristas o animadoras utiliza la música, el baile y el atletismo para **energizar** y entretener al público. Algunos dirán que hacen tanto ejercicio como los jugadores a los que animan.

PRUEBAS

Al igual que en muchos deportes de secundaria, las porristas compiten para entrar a un equipo. Cada escuela es diferente, pero para muchas el proceso de **pruebas** dura una semana entera. Las participantes aprenderán una animación y un baile cada día.

El día de las pruebas, suele haber entre tres y cinco jueces que califican categorías como el esfuerzo, la habilidad y el contacto visual.

DATO CURIOSO

Hay alrededor de 3.5 millones de animadoras solo en Estados Unidos.

EQUIPOS UNIVERSITARIOS Y UNIVERSITARIOS *JUNIOR*

Los equipos de porristas de las escuelas secundarias suelen estar divididos por deportes y por clases. Los equipos universitarios *junior* (JV, por sus siglas en inglés) suelen estar formados por estudiantes de primer y segundo año. En este equipo, las porristas aprenden lo básico mientras animan a los equipos JV.

Universitario *junior*

Las escuadras de nivel universitario están formadas en su mayoría por animadoras de tercer o cuarto año. Las porristas de nivel universitario a menudo pueden hacer movimientos de baile y **gimnasia** más avanzados mientras animan a los equipos de nivel universitario.

Universitario

Históricamente, las porristas se veían en los partidos de fútbol americano o baloncesto de las escuelas secundarias, pero eso ha cambiado con los años. Algunas escuadras de animadoras hacen apariciones en partidos de béisbol, fútbol, voleibol y lucha libre. ¡Todos los espectadores deportivos podrían animar a sus equipos!

Hay tres funciones básicas en la mayoría de los equipos de porristas. Estas son:

Voladora: La porrista levantada o lanzada al aire es una voladora. Acaba siendo el centro de atención. Puede parecer fácil, pero el papel de una voladora es físicamente **exigente**... y peligroso.

Base: El soporte de cualquier acrobacia que lance o eleve en el aire a la voladora es una base. Suelen ser más altas y fuertes, y utilizan una buena técnica para evitar que tanto ellas como las voladoras se hagan daño.

Cuidadora: Al igual que la base, las cuidadoras se utilizan para ayudar a estabilizar o equilibrar las acrobacias de las porristas. También son el primer punto de contacto cuando una voladora se **desmonta** o se cae.

VOLADORA

CUIDADORA

BASE

EQUIPAMIENTO Y UNIFORMES

Las porristas suelen utilizar pompones, normalmente con los colores de la escuela, para llamar la atención. Muchas utilizan megáfonos para aumentar el volumen de su voz.

Megáfono

La mayoría de los equipos de animadoras lleva uniformes con los colores de la escuela y la mascota. Las chicas suelen llevar falda y los chicos suelen llevar pantalones deportivos. Ambos llevan camisetas sin mangas similares. Cuando hace más frío, usan pantalones y suéteres más abrigados.

DATO CURIOSO

La palabra pompón proviene de la palabra francesa *pompe*, que significa mechón o listones.

ANIMACIONES, CANTOS Y CONCENTRACIONES PARA ANIMAR

Uno de los principales objetivos de un equipo de porristas es aumentar la energía del público. Muchos de los gritos y cantos tienen que ver con el orgullo del equipo y el espíritu escolar.

Algunas escuelas celebran concentraciones para animar. Se trata de reuniones escolares para generar entusiasmo antes de un gran partido. A menudo, las porristas dirigen estas concentraciones para animar y realizar rutinas de baile. La banda de música de la escuela toca para animar a la multitud.

BAILES Y ACROBACIAS

La mayoría de las veces, las porristas se dedican a entretener a los espectadores del partido. Para ello, algunos equipos de porristas tocan música y realizan una rutina de baile para animar al público.

Algunos equipos de porristas más avanzados pueden realizar lo que se denomina acrobacias. Esto puede incluir levantar a las porristas en el aire, hacer gimnasia o formar una **pirámide** humana con todo el equipo.

DATO CURIOSO

En 2017, la mayor pirámide de animación estaba formada por 60 chicas en Nueva Zelanda. La hazaña les hizo entrar a El libro Guinness de los récords.

PRÁCTICAS Y CAMPAMENTOS DE PORRISMO

Como en cualquier deporte de alto impacto, las porristas necesitan mucha práctica. La mayoría de los equipos practica acrobacias y bailes después de la escuela. Quieren asegurarse de estar preparadas para actuar ante el público.

Muchos lugares ofrecen campamentos para porristas, donde pueden alojarse para mejorar sus habilidades. En los campamentos se estrechan los lazos de equipo, se trabajan las **volteretas**, los movimientos de baile y las acrobacias en equipo.

La Asociación Nacional de Porrismo (NCA, por sus siglas en inglés), fue fundada en 1948 por el exporrista Lawrence Herkimer. Él creía que las porristas podían rendir más si se entrenaban fuera del curso escolar. Al año siguiente, en 1949, puso en marcha el primer campamento de porrismo.

JUEGOS DE VIERNES POR LA NOCHE

Las porristas son una parte importante de los partidos de fútbol de las escuelas secundarias. La mayoría de las escuelas celebra sus partidos los viernes por la noche bajo las brillantes luces de una fresca tarde de otoño.

Durante estos partidos
populares, las porristas
suelen adaptar sus cantos
a lo que ocurre en el juego.
¡El ruido de las gradas y de
las bandas les recuerda a los
jugadores que están en el
campo de juego que todos
cuentan con que ellos ganen!

COMPETENCIAS DE PORRISMO

Los atletas a los que apoyan las porristas no son los únicos que compiten. El porrismo se ha convertido en un deporte tan **competitivo** que cada año se celebra un campeonato nacional.

DATO CURIOSO

En la última competencia de la NHSCC participaron 950 equipos. Escuadras de 34 estados de Estados Unidos y de nueve países compitieron en el campeonato de 2020.

El Campeonato Nacional de Porristas de Secundaria (NHSCC, por sus siglas en inglés) se celebra anualmente en Orlando, Florida. ¡Los mejores equipos de porristas de escuelas secundarias de todo el país y del mundo compiten para ver quién es el número uno!

CONCLUSIÓN

El porrismo es uno de los deportes con más acción en los que participan los estudiantes de secundaria. Se necesita habilidad, energía y espíritu escolar para llegar a la cima. Los partidos no serían lo mismo sin las porristas.

¿Practicarás tus saltos hacia atrás y actuarás ante el público? Tal vez tú y tu equipo vayan a los campeonatos nacionales. Con práctica y dedicación, verás por qué el porrismo es definitivamente uno de los ¡MEJORES DEPORTES DE LA ESCUELA SECUNDARIA!

GLOSARIO

competitivo: Que intenta ser tan bueno o mejor que los demás.

desmonta: Cuando se terminan los movimientos de los estudiantes o las piruetas de gimnasia.

energizar: Suministrar energía a alguien o a algo.

entusiasmo: Emoción intensa.

espectadores: Personas que se reúnen en una multitud para observar.

exigente: Tarea que requiere habilidad y esfuerzo.

gimnasia: Deporte que requiere agilidad y coordinación física.

LCA: Abreviatura de ligamento cruzado anterior, una parte del cuerpo que estabiliza la articulación de la rodilla.

pirámide: Forma triangular con una base grande y una parte superior puntiaguda.

pruebas: Ensayos para ver el potencial de una persona o cosa.

volteretas: Ejercicios acrobáticos o gimnásticos.

SITIOS WEB PARA VISITAR

https://kids.kiddle.co/Cheerleader

https://www.dkfindout.com/us/sports/gymnastics/

https://kids.britannica.com/students/article/cheerleading/319406

SOBRE EL AUTOR

Thomas Kingsley Troupe

Thomas Kingsley Troupe es el autor de muchísimos libros para niños. Ha escrito sobre todo tipo de temas, desde fantasmas hasta de Pie Grande, y de hombres lobo de tercer grado. Escribió incluso un libro sobre la suciedad. Cuando no está escribiendo o leyendo, hace mucho ejercicio y se acuerda de cómo derribaba mariscales de campo contrarios cuando estaba en el equipo de fútbol de la escuela secundaria. Thomas vive en Woodbury, Minnesota, con sus dos hijos.

CRABTREE
Publishing Company

Written by: Thomas Kingsley Troupe
Designed by: Jennifer Dudyk
Edited by: Kelli Hicks
Proofreader: Ellen Roger
Translation to Spanish: Santiago Ochoa
Spanish-language layout and proofread: Base Tres

Photographs: Cover background pattern (and pattern throughout book © HNK/Shutterstock.com, pom pom on cover and title page © Dana Zurkiyeh/Shutterstock.com, cover photo of cheerleaders © Thomas Carter | Dreamstime.com. Following images from Shutterstock.com: Page 4 top photo © Rob Byron, bottom photo © Poznyakov, Page 5 © View Apart, Page 6 © chippix, Page 9 top photo © nullplus, bottom photo © Aleksei Lazukov, Page 10 © Pressmaster, Page 12 bottom photo © Joseph Sohm, Page 13 and Page 15 (spotter) © WoodysPhotos, Page 15 (base) © Cherednychenko Ihor, Page 16 bottom photo © WoodysPhotos, Page 17 © LightField Studios, Page 18 © Joseph Sohm, Page 19 bottom photo © JoeSAPhotos, Page 23 top photo © Richard Thornton, bottom photo © TommyStockProject, Page 25 top photo © Joseph Sohm, Page 27 bottom photo © Pavel L Photo and Video, Page 29 bottom photo © nullplus. Following images from istock by Getty Images: Pages 8, 11, top photo Page 19, bottom photo Page 25, top photos Pages 27 and 29 © Roberto Galan, Page 12 top photo © Joseph Calomeni, Page 22 © marieclaudelemay, Following images from Dreamstime. com: Page 15 (flyer) Pavel Losevsky, Page 16 top photo © Sports Images, Page 19 top photo © Molly Williams, Page 20 © Aspenphoto, Page 21 top photo © Joe Sohm, bottom photo Thomas Carter, Page 24 © Joe Sohm, Page 26 © Ritmoboxer, Page 28 © Reinout Van Wagtendonk. Page 7 photo courtesy of the Library of Congress

Library and Archives Canada Cataloguing in Publication

CIP available at Library and Archives Canada

Library of Congress Cataloging-in-Publication Data

CIP available at Library of Congress

Crabtree Publishing Company

www.crabtreebooks.com   1-800-387-7650

Printed in the USA/062022/CG20220124

Copyright © 2022 **CRABTREE PUBLISHING COMPANY**

All rights reserved. No part of this publication may be reproduced, stored in a retrieval system or be transmitted in any form or by any means, electronic, mechanical, photocopying, recording, or otherwise, without the prior written permission of Crabtree Publishing Company. In Canada: We acknowledge the financial support of the Government of Canada through the Canada Book Fund for our publishing activities.

Published in the United States
Crabtree Publishing
347 Fifth Avenue, Suite 1402-145
New York, NY, 10016

Published in Canada
Crabtree Publishing
616 Welland Ave.
St. Catharines, Ontario L2M 5V6